마음을 일으키는 마법의 주문
오늘도 잘 지내면 그만!

안또이 지음

대원앤북

chapter 1
보고 또 보고 · 6
느려도 괜찮아 · 8
균형 잡기 · 10
행복의 의미 · 12
산책 · 14
그림자의 비밀 · 16
귀여운 양말을 신는 이유 · 18
달콤한 인생 · 20
나무 심기 · 22
테트리스 잘하는 법 · 24
인디언 기우제 · 26
일단 시작! · 28
매일매일 하루하루 · 30
포기하지 마 · 32
꽃이 피는 날 · 34
비슷한 듯 다른 · 36
상추의 비밀 · 38
고마운 연료 · 40
비움의 기능 · 42
누구나 처음은 어려워 · 44
안정 · 46
고민 해결법 · 48
고마운 계절 · 50
귀여운 일탈 · 52
헤맨 길도 길 · 54

chapter 2
날 믿어요 · 58
은근하게 세련되게 · 60
그 사람이 날 좋아해야 할 의무는 없어 · 62
울끈불끈 내 마음 · 64
사랑해 버리기 · 66
타인은 나의 거울 · 68
남이 아닌 자기 자신 · 70

나 이런 사람이야 · 72
좋은 친구, 나쁜 친구 · 74
나도 내가 부러워 · 76
안개가 꼈다면 · 78
힘내라는 말 · 80
태도를 분명하게 · 82
마음 부메랑 · 84
당연한 것 · 86
우리도 나무처럼 · 88
비활성화 · 90
그때는 그때, 지금은 지금 · 92
시간이 할 일 · 94
나를 위한 저녁 식사 · 96
가시 돋친 말 · 98
누군가 날 싫어한다면 · 100
마지막 공연 · 102
인류애 유지하기 · 104
마음의 눈금 · 106

chapter 3
오늘도 무사히 잘 지내면 그만 · 110
내게 주어진 시간 · 112
그럴 만한 이유 · 114

다정함의 힘 · 116
숨비소리 · 118
가장 소중한 나니까 · 120
물건을 소중히 · 122
조언 감사합니다 · 124
마음에도 물청소가 필요해 · 126
감정에 충실하기 · 128
믿을 구석 · 130
나는 내가 귀엽다 · 132
말 그릇 · 134
차곡하게 튼튼하게 · 136
우울에서 빠져나오기 · 138
나 사용 설명서 · 140
앞만 보고 전진 · 142
힘 빼기 · 144
취향 도감 · 146
꿈, 나의 꿈 · 148
있는 그대로의 나니까 · 150
오직 나만의 이야기 · 152
슬픔은 나를 보살피는 시간 · 154
매력쟁이 · 156
낭만이 날 지킬 거야 · 158

chapter 1

보고 또 보고

알록달록 반짝반짝,
남들은 참 예쁘고 멋지기만 한데
나 혼자만 아무 색깔이 없는 것처럼 느껴지곤 해요.
남들은 저마다의 색을 뽐내는 것만 같은데
나 혼자만 그림자처럼 어두운 것 같아 의기소침해지고요.

하지만 발바닥에 힘 딱! 주고 꼿꼿하게 서 볼까요?
가슴을 활짝 펴고 턱을 들어 올려요.
세상에 이런 사람이 나 말고 더 있나?
나만큼 오묘하고 은근한 사람이 또 있나?

이런 나를 누군가는 '볼매'라고 불러 주니
나도 나를 보고, 보고, 또 봐야겠어요.

보면 볼수록 사랑스러운 나는,
말 그대로 '나'이니까요.

느려도 괜찮아

출발한 지 얼마 되지 않은 것 같은데
돌아보니 꽤 멀리까지 왔어요.
제법 오랜 시간 달려왔나 봐요.
분명 모두가 비슷하게 출발한 것 같은데
어떤 친구는 벌써 저 멀리 가 있고
어떤 친구는 이미 도착했다고 하네요.
아마 누군가에겐 금메달이 주어지겠지요.
인정하기 싫지만 조급한 것이 사실이에요.

그런데 그거 아시나요?
마라톤 대회에 참가하는 사람들 대부분은
금메달이 아닌 완주를 목표한대요.
타인을 이기는 승부가 아닌
나 자신을 이기는 승부가 바로 '마라톤'이지요.

중간 지점에서 아무리 뛰어난 기록을 세우더라도
무리하면 끝까지 달릴 수 없기에
마라토너들은 건강한 완주를 목표한대요.
게다가 가장 늦게 도착한 사람에겐
금메달을 딴 사람만큼이나
큰 박수를 보내는 것이 바로 마라톤이래요.

그러니까 느려도 괜찮아요.
잘 달리기만 하면 돼요.
때론 걸어도 되고, 잠시 멈춰 쉬어도 되고요.
나만의 속도에 맞추어 가다 보면
언젠가 목표한 곳에 도착할 거예요.

균형 잡기

균형을 잡는 일은 정말 어려워요.
어느 한쪽으로 치우치지 않으려면
양쪽 모두에 신경 써야 하니까요.
이것도 잘해야 할 것 같고, 저것도 잘해야 할 것 같고…
하나라도 잘못하면 균형이 깨져 무너질 것만 같지요.

한쪽 무릎을 올리고 양팔을 벌려
한 발로 온몸을 지탱한다고 상상해 볼까요?
어느 한쪽으로 기울지 않기 위해
우린 양팔을 휘적휘적 흔들 거예요.

그렇게 중심점을 찾고 나면 무엇을 하나요?
양팔에 힘을 세게 주지 않고 살짝 빼지요.
그럼 양팔이 중심을 잡으려고 저절로 흔들릴 거예요.
그래야만 중심이 잡히니까요.

흔들리는 것.
그것이 바로 균형을 맞추는 방법 아닐까요?

마음이 한곳에 머무르지 못하고 자꾸만 움직인다면,
이랬다가 저랬다가 정신없고 복잡하다면,
그대로 내버려두어요.
마음이 균형을 잡느라 그럴 테니까요.

행복의 의미

행복이라는 게 거대한 관념처럼 보이지만
사실 행복은 사소한 즐거움이래요.
더 풀이하면 일상에서 충분한 만족과 기쁨을 느껴
흐뭇한 상태라는 뜻이지요.

책을 읽다가 마음에 드는 구절을 발견하거나
노래를 듣다가 마음에 와닿는 가사를 만나면 행복해져요.
가진 게 많거나 할 줄 아는 게 많아서
대단하고 웅장한 상태가 아닌,
일상에서 흔히 느낄 수 있는 마음이 바로 행복이래요.

기분이나 느낌을 구체적으로 표현하면
행복은 더욱 구체적으로 나에게 다가와요.
길을 걷다 우연히 반가운 친구를 마주쳤을 때
"어떻게 여기서 만나? 반갑다."라고 말해도 좋지만,
"보고 싶었는데 어떻게 여기서 만나? 반갑다!
너를 만나서 정말 좋아."라고 말해 보는 건 어때요?

보고 싶었던 마음에 반가움을 얹어,
그리고 그 위에 좋은 기분까지 얹어
정말이지 위대한 행복이 될 거예요.

사소한 즐거움을 위대한 행복으로 만들어 봐요.

산책

마음이 무거울 땐 집 밖으로 나가
동네 한 바퀴를 돌아요.
발자국 하나에 걱정 하나,
내쉰 숨 하나에 근심 하나,
땀방울 하나에 고민 하나,
하나둘씩 밖에다 두고 오기로 해요.

그림자의 비밀

눈앞이 캄캄하도록
내 발밑의 그림자가 짙게 느껴진다면
내 뒤로 아주 강한 빛이 쏟아지고 있는 거예요.
그런 줄도 모르고 등지고 서 있으니
그림자가 지지요.
한번 고개를 돌려 보세요.
환한 빛줄기가 나를 향해 쏟아질 거예요.

그리고 그거 아시나요?
그림자는 빛이 강할수록 짙어진대요.
내 발밑의 그림자가 짙다고 해서
상심할 필요는 없겠어요.

귀여운 양말을 신는 이유

외출하려고 양말을 신다가 문득 이런 생각이 들었어요.
이 작은 두 발이 내 커다란 몸을 지탱하고,
날 어딘가로 데려갔다가, 다시 집으로 데려오는구나.
내 작은 두 발에게 해 줄 수 있는 일이 뭐가 있을까?
보풀 나고 멋없는 양말보다는
조금 더 부드럽고 귀여운 양말을 신겨 주는 게 어떨까?
그때부터 알록달록 귀여운 양말을 좋아하게 됐어요.
두 발이 꼭 나를 좋은 곳으로 데려가 줄 것만 같아요.

귀여운 양말을 골라 신어요.
내가 나에게 해 줄 수 있는 작은 선물이에요.
그렇게 나의 하루가 근사해져요.

달콤한 인생

달콤한 게 당길 땐 보통 설탕을 찾기보단
초콜릿이나 사탕을 찾잖아요.
초콜릿은 쌉쌀하면서도 달콤해서 맛있고
사탕은 새콤하면서도 달콤해서 맛있지요.

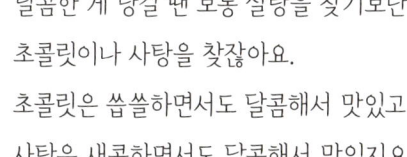

내 인생도 달콤하지만은 않으니 얼마나 좋은가요?
어떤 날은 쌉쌀하고, 어떤 날은 짜고,
또 어떤 날은 맵기까지 해요.
그러다 문득 달콤한 날이 찾아오면
내 인생은 정말이지 맛있어진답니다.
야무지게 꼭꼭 오물오물 냠냠 즐기고 싶어지지요.

나무 심기

화분에 나무를 심을 땐 힘을 빼야 해요.
나무를 꼿꼿이 잘 세우고 싶은 마음에,
잘 자라 주었으면 하는 바람에,
예쁜 꽃을 얼른 피워 주었으면 하는 욕심에,
흙을 힘주어 꾹꾹 누르면 나무가 숨을 쉴 수 없어요.
물이 한번 쑤욱 흘러나올 수 있도록
힘을 빼고 설렁설렁 흙을 담아야
나무가 물도 마시고, 숨도 쉴 수 있어요.

인생도 마찬가지인 것 같아요.
간절할수록 더욱 힘을 주게 되지요.
그럴수록 오히려 힘을 빼야 해요.
화분에 나무를 심는 것처럼 결실을 맺을 날을 기대하며
우리도 힘을 빼고 여유 있게 지내봐요.

테트리스 잘하는 법

테트리스 게임을 해 본 적 있나요?
각양각색 블록들을 요기조기 틈에 맞춰 끼우다 보면
한 층 한 층 사라지는 게 쾌감이 들어요.
빈틈없이 착착 블록들을 쌓다가
손이 미끄러져 빗나가기라도 하면 얼마나 아쉬운지 몰라요.
빈틈을 메우지 못하면 새로운 층이 생겨나기도 하죠.
그러다 점점 속도가 빨라지면 심장이 터질 것만 같아요.
빈틈 하나 때문에 정신이 쏙 빠져나가는 것 같죠.
그렇게 침착함을 잃으면 블록들은 걷잡을 수 없이 쏟아져
제멋대로 쌓이고 말아요.

테트리스 게임을 잘하는 사람들의 비법은 두 가지래요.
첫 번째, 빈틈을 두려워하지 않기.
두 번째, 다음 블록을 준비하기.

테트리스 게임을 잘하는 비법은 바로
당장 눈앞에 보이는 빈틈 하나에 집착하지 않는 거예요.
빈틈 하나 생겼다고 해서 두려워할 필요 없어요.
다시 기회가 찾아올 때까지
다음 블록을 준비하기로 해요.

인디언 기우제

옛 인디언들은 가뭄이 들면 기우제를 지냈대요.
그런데 놀랍게도 기우제의 끝엔 꼭 비가 왔대요.
마법이라도 부린 걸까요?

사실은요,
기우제를 비가 올 때까지 지냈던 거래요.
그게 바로 인디언 기우제가 늘 성공하는 이유였지요.

무언가를 간절히 바란다면,
이루어질 때까지!

일단 시작!

할 일은 잔뜩 쌓였는데
도저히 시작할 엄두가 안 날 땐 청소를 해요.

창문을 활짝 열어 구석구석 쌓인 먼지를 털고,
요리조리 청소기를 돌리고, 미뤘던 이불 빨래를 해요.
제멋대로 뒤죽박죽인 옷장도 정리하고요.

일단 시작하면
여기도 청소하고 싶고, 저기도 청소하고 싶어져요.
그렇게 차근차근 청소를 하다 보면
어느새 집안이 깨끗해져 있어요.

일도 마찬가지예요.
작은 일부터 시작하면 어느새 산더미 같은 일들이
쌓아 둔 빨랫감처럼, 어질러진 물건처럼,
뽀얗게 쌓인 먼지처럼 느껴져 마음껏 해치우고 싶어져요.

일단 시작해 보세요.
막상 청소도 시작하면 별거 아니듯,
미뤄 두었던 일도 사실은 별거 아닐 거예요.

매일매일 하루하루

매일 반복되는 일상이 지겨워요.
매일 같은 버스를 타고,
매일 비슷한 음식을 먹고,
매일 똑같은 곳에 가요.
매일 만났던 사람을 만나고,
매일 할 일은 거기서 거기예요.
매일 그 시간에 자고,
매일 똑같은 시간에 일어나요.

뭔가 재밌는 일이 없나 찾아봐도
딱히 내가 할 수 있는 건 없는 것 같아요.
남들도 다 이렇게 사는 걸까요?
그렇지만 잘 생각해 보면
내 인생은 그렇게 지루하지만은 않았어요.
가까이서 보면 다를 게 없는 매일매일이지만
멀리서 보면 꽤 많은 일을 겪어 왔다고요.
10년 전의 나와 지금의 나를 비교해 봐요.
그때의 나와 지금의 나는 정말 많은 것이 달라요.
이렇게 큰 변화는 별다를 게 없는 하루하루를
차곡차곡 쌓아 만든 것이었네요.
매일매일 성실하게 말이에요.

포기하지 마

끝날 때 끝내더라도
중간에 포기하진 않을래요.
그냥 하면 되는데,
하지 않을 이유를
우린 너무 잘 찾아내는 것 같아요.
그것이 유일한 문제일 뿐,
내 앞을 가로막는 것은
사실 아무것도 없답니다.

꽃이 피는 날

사막에선 꽃이 피지 않을 것 같지만,
사실 사막에서도 간혹 꽃이 핀대요.
한번 꽃이 피기 시작하면
온 사막을 가득 메울 만큼 만발하기에
사막 꽃은 다른 꽃보다 더욱 황홀한 향기를 낸대요.

나의 꽃은 언제쯤 피려나,
막막하고 아득할 땐 사막 꽃을 떠올려요.
분명 사막 꽃이 피는 그날처럼,
나의 꽃은 온 세상을 뒤덮는 황홀한 향기를 뿜을 거예요.

비슷한 듯 다른

설레는 일과 두려운 일의
차이점이 무엇인지 알고 있나요?
'즐길 준비가 되었는가'입니다.

마음먹기에 따라
두려운 일이 설레는 일로 변한답니다.

상추의 비밀

친구가 집에서 상추를 키워요.

"그거 아니? 상추는 너무 붙여 심으면 안 돼. 조급하면 웃자란다.
상추끼리도 경쟁을 하면 뿌리가 밖으로 나올 정도로 막 자라.
크기만 키우려고 아무렇게나 막 자라. 그걸 웃자란다고 해."

그리고 친구는 제게 여유를 가지고
뿌리를 깊이 내리라고 말해 주었어요.

고마운 연료

적당한 긴장감은 나를 움직이게 해요.
압박과 힘겨루기, 고집과 책임, 다툼과 토론.
분명 꽤 많은 에너지를 써야 하는 것들이지만,
그만큼 새로운 동력을 내어 주지요.

항상 편안하기만 하다면
그건 내가 한자리에 머물러 있다는 뜻일지도 몰라요.
지금 나를 긴장하게 하는 무언가가 있다면
그건 나를 움직이게 할 고마운 연료일지도 모르겠네요.

비움의 기능

때로는 침묵이 가장 좋은 말이 되기도 하고요,
때로는 여운이 가장 좋은 기억이 되기도 합니다.
때로는 여백이 가장 좋은 풍경이 되기도 하지요.

비워 두는 것만으로도 가득 채울 수 있어요.
너무 조급해하지 않아도 괜찮아요.

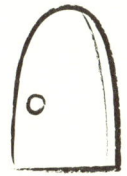

누구나 처음은 어려워

어려워 보이는 일은 대부분
익숙하지 않을 뿐,
하다 보면 익숙해져요.
익숙해지면 쉬워집니다.

처음이니까 어렵지,
금방 쉬워질 거라는 걸
사실 잘 알잖아요.

안정

안정이란 파동 하나 없이 잔잔하고 고요한 물이 아니라,
물살에 휩쓸리고 바위에 부딪히며
고되고 요란하게 흐르는 한이 있더라도
자기만의 흐름대로 자기만의 길을 따라
끊이지 않고 계속해서 흐르는 물입니다.

고민 해결법

혼자서 몇 날 며칠 끙끙 앓으며 골몰하던 문제가
사실은 별일 아니었던 경험, 다들 있지 않나요?

희한하게 문제는 끌어안고 고민할수록
점점 더 커지는 것 같아요.
고민거리는 고민을 시작하는 순간 소용돌이가 되어
주변의 다른 고민까지도 끌어와 점점 더 몸집을 불립니다.
야속하게도 말이에요.

만약 지금 고민거리가 하나 생겼다면,
고민하기를 멈춰 보세요.
머리를 질끈 묶고 산책을 하러 나가도 좋고요,
오랫동안 못 봤던 친구를 만나도 좋고요,
동네에 새로 생긴 가게에 가도 좋아요.

고민은 한다고 해결되지 않으니까 고민인 거예요.
그냥 그대로 내버려두거나,
지금 당장 내가 할 수 있는 일을 한다면
고민은 금세 알아서 해결될 거예요.

고마운 계절

내가 무언가를 해 주지 않아도
봄, 여름, 가을, 겨울은
때가 되면 알아서 나에게 찾아와요.
나는 가만히 있는데
봄, 여름, 가을, 겨울은
내가 잊을 만하면 찾아오고, 또 찾아오지요.
얼마나 다행인지, 얼마나 고마운지 모릅니다.
맑은 공기, 시원한 바람, 향긋한 꽃 내음, 따뜻한 햇살,
이 모든 것들이 감사합니다.
묵묵하게 나를 감싸 주는 모든 것들이 감사합니다.

귀여운 일탈

하루하루 똑같이 반복되는 일상이 지겹다면
갑작스레 훌쩍 떠나는 일탈도 재밌겠지만,
평소의 나라면 하지 않았을
앙증맞고 귀여운 일탈도 썩 괜찮답니다.

처음 보는 사람에게 상냥한 눈인사를,
친하지 않은 사람에게 따뜻한 칭찬을,
오래도록 연락하지 않았던 사람에게 깜짝 연락을…
별거 아닌 이 귀여운 일들은
평범했던 나의 일상을 근사한 세계로 만들어 줄 거예요.
그 세계 속의 나도 제법 근사하겠지요.

헤맨 길도 길

여행을 갔다가
길이 아주 복잡한 곳에 도착했어요.
누군가는 이 길로, 누군가는 저 길로
흩어지기 시작했습니다.

어느 길로 가야 할지 몰라 멈춰 있는데,
지나가던 한 여행객이 말했어요.
"모든 길은 연결되어 있습니다. 걷기만 하세요."

그 사람 말대로 정말 걷기만 하다 보니
목적지에 도착했습니다.
그곳엔 저마다 다른 길을 선택한
여행객들이 모여 있었지요.

길을 몰라 헤맸지만
내가 걸은 길도 길이었습니다.
모든 길은 결국 도착하게 되어 있어요.
그러니까 헤매도 됩니다.
포기하지 말고 걷기만 하세요.

chapter 2

날 믿어요

막연하게 생각했는데
막상 해 보면 별일 아닌 일이 있어요.
하고 나면 괜히 겁을 먹었나 싶어 시시해지기도 하지요.

한참을 미뤄 왔던 숙제를 시작하거나,
나를 좋아하지 않을 것 같은 사람에게 연락하거나,
마음속에 꾹꾹 담아 뒀던 말을 꺼내는 일 따위가 그렇지요.

하지만 분명 그건 아무것도 아닌 게 아니었을 거예요.
많은 시간 고민하고 망설였기에 해낸 거예요.
그만큼 나는 잘하고 싶었고, 진지했고, 진심이었겠지요.

그러니 내가 잘 해냈다면 칭찬해 주고,
아직도 막연하다면 날 믿고 기다려 줘요.

늘 그래 왔듯 난 언제나
잘하고 싶고, 진지하고, 진심이기에
이번에도 해낼 거예요.

반드시!

은근하게 세련되게

세련된 사람들은 스스로를 대하는 방식이
남들과는 조금 달라요.
나 자신을 정말 잘 알고, 이해해야만
할 수 있는 행동을 하지요.

내가 어떤 옷을 입어야
내 이미지에 잘 어울리는지 알고요,
내가 어떤 말을 해야
대화를 능숙하게 이끌 수 있는지 잘 알아요.
어떠한 상황 속에 나를 데려다 놓아도 어색해하지 않지요.

그렇게 되기까지 많은 시행착오를 겪어야 했을 거예요.
어울리지 않는 옷을 입거나,
어색한 대화를 하며 진땀을 빼기도 하고,
불편한 상황에서 허둥거리기도 했겠지요.
그렇게 스스로를 알아 갔을 거예요.

자기 자신을 능숙하게 대하면 여유가 생겨요.
그럼 그 여유를 틈타 주위를 둘러보기도 하고,
내 부족한 점을 메꿀 수도 있어요.
그렇게 완성된 나의 분위기와 태도는
아마 신경 쓰지 않아도 자연스레 드러나겠지요.

그 사람이 날 좋아해야 할 의무는 없어

모든 사람이 날 좋아할 거란 착각은 이미 졸업했지만
날 싫어하는 사람이 없었으면 좋겠다는 바람은
아직도 포기하지 못하겠어요.
누군가에게 미움받는 일은 참으로 고통스러워요.
그 사람 생각을 하면 하루 종일
가슴 한편을 바위로 누르는 것처럼 무겁고요,
그 고통에 익숙해지기란 쉽지가 않아서
어떻게든 그 사람이 날 좋아하도록 만들려고 애써요.
하지만 대부분의 경우는 별다른 소용이 없어요.
사람 하나를 미워하기 시작하면
그 사람이 뭘 해도 싫으니까요.

날 싫어하지 않게 만드는 것도 어려운 일인데,
하물며 날 좋아하게 만드는 건 얼마나 어려울까요.
내가 어딘가 대단히 모자라고 못나서
그 사람 마음에 박혀 버린 건 아닐 거예요.
그저 그 사람과 나의 주파수가 맞지 않는 것뿐이에요.

우린 알고 있어요.
나 또한 누군가를 미워해 본 적이 있으며
그 이유는 그다지 대단한 것도 아니라는 걸.
사람들 마음속엔 저마다
미워하는 사람 하나씩은 품고 있다는 걸.
그러니 누군가 날 미워한다면
너무 몰입하지 않아도 돼요.
그 사람이 날 좋아해야 할 의무도 없고,
그 사람이 날 싫어하지 말아야 할 이유도 없어요.
누군가 날 미워한다면 그건 그냥 그 사람의 생각일 뿐,
아무것도 아니니까요.

울끈불끈 내 마음

마음에도 근육이 필요해요.
마음을 자주 쓰는 사람일수록 더더욱이요.
내 마음이 잘 움직이고 잘 지낼 수 있도록
내 마음을 꼭 지지해 줄 근육 말이에요.

그런데요,
근육을 키우는 방법은 하나밖에 없대요.
근육이 찢어지고 다시 붙는 방법뿐이래요.
다친 근육이 회복되면서 근육은 점점 더 커진대요.
근육을 키우려면 아파도 꾹 참고
열심히 힘든 근육 운동을 해야 하는 거예요.

마음의 근육도 마찬가지예요.
마음을 자주 쓰면서 마음이 다치기도 하고,
여기저기 찢어졌다가 다시 붙고,
이런 과정을 거쳐야 마음이 점점 단단해지는 거예요.

상처받는 일이 있더라도,
이게 다 마음의 근육을 키우는 일이라고 생각하면
조금은 위로가 돼요.

울끈불끈 근육 운동을 하는 멋진 사람들처럼
나도 마음의 근육을 울끈불끈 키우는 거예요.

사랑해 버리기

어떤 배우와 감독이 그런 말을 했대요.
누군가가 싫어지면 사랑해 버린다고.
사랑해 버리면요, 싫어하는 마음을 이기게 돼요.
까먹어 버려요.
그 사람의 싫은 구석이 귀여워 보이기도 하고요.
쉽게 이해하게 되기도 하지요.

지하철에서 만난 까칠한 사람도 사랑할 수 있겠어요.
어떤 힘든 하루를 보냈길래 저렇게 까칠한 걸까?
위로해 줄 방법이 없을까?
마음속으로라도 안녕을 빌어 줄까?
타인을 위해 작은 마음이라도 건네고 싶어지는 애틋함이 생겨요.

누군가를 사랑하면 스스로가 얼마나 사랑스러워지는지 몰라요.
참 이상하죠.
사랑은 아무리 주어도 줄지 않는가 봐요.
오히려 더 샘솟나 봐요.

잘 생각해 보면 사랑을 주는 사람은 얼마나 사랑스럽던가요?
타인을 사랑할 줄 아는 나는
아마 더 크게, 더 많이 사랑하며 사랑스러워질 거예요.

타인은 나의 거울

누군가의 어떤 모습이 이상하게 싫다면
그건 사실 내 모습이라서 그런 거래요.
의식하지 않았지만 나도 모르게
내 약점이라고 생각했던 모습이 타인에게서 드러나면
사람은 본능적으로 혐오감을 느낀대요.
유독 누군가를 자주 평가하고 험담하는 사람이 있다면,
그 사람은 자기 자신을 싫어하는 사람일 거예요.

남이 아닌 자기 자신

누군가 나를 정의하도록 내버려두지 말아요.
나를 가장 잘 아는 사람은 바로 '나'이니까요.

나 이런 사람이야

사람들에게 내가 어떤 사람인지 설명할 필요 없어요.
설명하지 않아도 자연스레 드러나는
내 모습만으로도 충분해요.
자기소개는 처음 만났을 때만으로도 충분해요.
사람들이 날 천천히 알아 가게 내버려두어요.
내가 원하는 모습대로 날 알아주지 않아도 상관없어요.
구구절절 설명하다 보면 오히려 더 초라해지지 않나요?

좋은 친구, 나쁜 친구

좋은 친구인지 나쁜 친구인지 헷갈린다면
그 친구와 헤어지고 돌아오는 길을 생각해요.
오늘 나눴던 대화가 좋아 자꾸만 곱씹고 싶고,
얼른 다시 만나고 싶은 생각이 든다면
그 친구는 분명 좋은 친구일 거예요.

하지만 오늘 나눴던 대화를 떠올렸을 때
왠지 모르게 찜찜한 느낌만 남는다면
그 친구는 나에게 나쁜 친구일 확률이 높아요.
나 역시 그 친구에게 나쁜 친구일지도 모르고요.

서로에게 좋은 친구가 아니라면
굳이 관계에 힘을 쏟을 필요가 있을까요?

나도 내가 부러워

내가 누군가를 부러워하듯,
누군가도 나를 부러워하고 있을지도 몰라요.
딱히 내세울 게 없는데도
누군가는 나의 어떤 모습을 멋지다고 생각할지도 몰라요.
나와 닮은 누군가를 부러워한다고 생각해 봐요.
어떤 모습이 가장 먼저 눈에 들어올까요?

안개가 꼈다면

안개 낀 날씨엔 가로등 불빛도 잘 보이지 않아요.
눈앞이 뿌예 발걸음 하나조차 내딛기 두렵지요.
분명 앞에 뭔가 있을 텐데,
잘못 다가섰다가 넘어질까 걱정도 되고요.
그래서 안개가 심하게 꼈을 때는
걸음을 천천히 하는 방법밖엔 없어요.
그리고 혹시나 내 앞에 있을지 모를 누군가에게
나의 존재를 계속 알려야 하지요.
길거리의 자동차도 그렇고요, 자전거도 그래요.
깜빡깜빡 헤드라이트를 켜거나,
따르릉 벨을 울려야 해요.

누군가와의 관계에도 안개가 꼈다면,
"당신 앞에 내가 있어요. 천천히 다가갈게요." 하고
아주 조심스럽게 다가가면 어떨까요?
그렇게 천천히 가까워지는 동안
사이에 꼈던 안개도 자연스레 걷힐 거예요.

힘내라는 말

정말 힘들고 고통스러울 땐
다른 사람의 이야기가 잘 들리지 않아요.
특히나 "힘내."라는 말을 들으면
괜히 힘이 더 빠지는 기분이에요.
힘이 나야 힘을 내지,
어떻게 힘을 내라는 건지 답답하기도 하고요.
마음의 여유가 없으니
상대방의 말을 소화하기가 어려운 거지요.

만약 누군가의 위로와 격려가 고깝게 들린다면,
내가 아직은 여유가 없다는 점을 떠올리고
잠시 그 말은 묻어 두기로 해요.
조금 여유가 생겼을 때 다시 꺼내면 보일 거예요.
그 사람의 말 속에 담긴 진심 말이에요.

나더러 힘내라고 말하던 그 말 속엔
해 주고 싶은 건 너무 많은데
무슨 말을 꺼내야 할지 몰라
서투르게 꺼내놓은 진심이 담겨 있을 거예요.

태도를 분명하게

사소한 일이더라도 마음가짐을 어떻게 하느냐에 따라
그 일은 몹시 대단한 일이 되기도 하고,
편안하고 즐거운 일이 되기도 하지요.
우리가 하는 모든 일은 나 혼자만의 일이 아니라
많은 사람이 엮인 일이기에
나의 태도는 더더욱 중요해요.
나의 태도에 따라 사람들의 반응도 달라지지요.
그래서 마음가짐을 밖으로 드러낼 땐
아주 분명하게 해야 해요.
좋고 싫음, 가벼움과 무거움, 즐거움과 진지함.
나의 태도를 분명하게 할수록
사람들은 나를 더욱 존중할 거예요.
게다가 나의 마음가짐은 너무나도 소중하고 귀해서,
남들에게 아무렇게나 보여 주기 싫잖아요.

마음 부메랑

누군가에게 좋은 일이 생겼을 땐
온 마음을 다해 축하해요.
물론 내 현실과 비교하느라 조급한 마음이 들어
온전히 축하하는 게 어려울지도 몰라요.
하지만 그 순간만큼은 내 걱정을 잠시 접어 두고,
상황에 몰입해 진심으로 축하해 주어야 해요.
누군가에게 마음을 전하는 일은 부메랑과도 같아서,
나에게 그대로 돌아오거든요.
상대방을 진심으로 축하하고 축복하는 마음은
언젠가 그 모습 그대로 나에게 돌아올 거예요.
분명히 다음은 내 차례일 거예요.

당연한 것

숨을 쉬는 일을 의식하고 나면 문득 신기해져요.
혀의 위치를 의식하고 나면 새삼 어색해져요.
걷고 뛰는 것도 의식하고 나면 불현듯 이상해져요.
나에게 너무나 자연스럽고 익숙하고
당연했던 것들을 자세히 들여다보면
자연스럽지도, 익숙하지도, 당연하지도 않지요.

지금 나를 감싸고 있는 모든 것들을 둘러봐요.
가족, 친구, 집, 물건, 음악, 날씨, 일,
우리 동네, 강아지, 고양이, 식물들…
잘 생각해 보면 어느 것 하나 당연한 것이 없어요.
어느 것 하나 소중하지 않은 것도 없고요.
그러니 아끼고 매만지며 사랑해야겠습니다.
모든 것이 감사하군요.

우리도 나무처럼

때론 타인에게 도움을 구하고 의지하는 것도 방법이에요.
나 혼자 힘으로는 도저히 해낼 자신이 없을 때,
척박한 환경에서 도무지 잘 살아갈 힘이 없을 때,
가족과 친구와 이웃에게 도움을 청해요.
언젠간 나도 그들에게 도움을 줄 수 있을 거예요.

20미터까지 드높이 자라나 풍성한 잎을 자랑하는
사시나무를 아시나요?
하늘을 향해 쭉 뻗어 굳세고 강한 이 나무는
사실 여러 그루의 옆 친구들과 연결되어 있대요.
땅 밑에서 서로의 뿌리를 연결해
영양분을 주고받는대요.
모두가 연결되어 있기에 척박한 환경에서도 잘 자란대요.
추운 곳에서도 꿋꿋하고 굳세게 말이에요.

비활성화

내가 보고 싶지 않은 것과
내가 듣고 싶지 않은 말과
내가 겪고 싶지 않은 일을
전부 피할 수는 없지만,
SNS는 잠시 꺼둘 수 있겠네요.

그때는 그때, 지금은 지금

좋아하는 사람들에게 내 감정을 솔직하게 표현하는 건 좋지만,
순간적인 감정을 모두와 공유할 필요는 없어요.
그때그때 바뀌는 감정은 내가 아닌데,
내 곁에 항상 머무르는 사람이 아닌 스쳐 지나가는 사람들은
나와 잠깐 스쳤던 그 순간의 나를
나로 기억하고 머릿속에 새기거든요.

그땐 아주 사소한 일로 기분이 나빴던 나였지만,
지금은 무슨 일이든 대수롭지 않게 여기는 나일 수도 있잖아요.
그땐 그랬고 지금은 이렇다고 변명할 기회도 사실 잘 없어요.
이미 그 사람들에게 나는 그런 사람이거든요.

굳이 해명할 필요는 없지만
내가 원치 않는 내 모습은 싫지 않나요?
만약 순간적으로 드는 기분이나 느낌이 있다면,
정말 꼭 누군가에게 표현해야만 마음이 편할 것 같다면,
내 곁에 항상 머무르는 사람들에게만 조용히 말해요.
그리고 나에게도 물어요.
이것은 순간적인 감정인지,
오래도록 변함없을 감정인지.

시간이 할 일

내 손을 떠난 일,
내가 더 손쓸 수 없는 일이 있어요.
대부분은 타인과 엮여 있는 일이에요.
내가 어찌할 수 없는,
결정권이 타인에게 있거나 어디에도 없는 일.
사랑했던 사람과의 이별일 수도 있고요,
어렵게 본 면접의 결과일 수도 있고요,
좋아하는 사람에게 건넨
고백의 답을 기다리는 일일 수도 있지요.

최선을 다했다면 이제 그만 손을 털고 뒤돌아서요.
미련 없이 바람 없이 손을 놓아요.
최선을 다했고 진심을 다했으면 그만입니다.
이제는 시간의 차례입니다.
남은 건 전부 시간이 알아서 할 거예요.

나를 위한 저녁 식사

사람들에게 치이고
말도 안 되는 상황에 치이고 이리저리 휩쓸려 다니다
늦은 저녁 집에 돌아오면 마음에 허기가 져요.
그럴 땐 별다른 수가 없어요.
고생한 나에게 따뜻한 밥 한 그릇 먹여 주세요.

한 숟가락에 오늘도 고생했어,
한 숟가락에 넌 잘하고 있어,
한 숟가락에 괜찮아.

한마디씩 꼭꼭 씹어 삼키다 보면
그래도 조금은 다시 할 수 있을 것 같은 힘이 생길 거예요.
우린 또 내일을 살아야 하니까,
저녁 식사는 꼭 야무지게 챙겨 주세요.

가시 돋친 말

때론 어떤 사람들의 말에는 보이지 않는 가시가 있어서
그게 나를 찌르곤 해요.
자꾸만 날 따끔거리게 하는 말이 있다면 바로잡아 주세요.
누군가 나를 함부로 대하도록 내버려두지 마세요.
만약 누군가의 말에서 보이지 않는 가시가 느껴졌다면
말의 의도를 꼭 되물어요.
의도를 드러내지 않으면서 비겁하게 공격하고 싶은 사람들이기에
의도를 묻는다면 크게 당황할 테니까요.

손가락에 박힌 아주 작은 가시도 날 아프게 하는데,
타인의 말에 박힌 가시는 얼마나 날 아프게 하겠어요.
따끔거리는 가시는 그 자리에서 쏙쏙 뽑아내 주세요.

누군가 날 싫어한다면

무언가를 사랑하기엔
정말 많은 노력이 필요해요.
반면 무언가를 싫어하는 데엔
별다른 노력이 필요 없어요.
그렇게 쉽게 가진 마음은 별다른 가치도 없지요.

누군가 날 싫어하는 것 같나요?
그런 쉬운 마음에 관심을 주지 말아요.
날 사랑하는 누군가의 귀중한 노력에
더 많은 관심을 기울여 주세요.
그게 바로 내가 그들의 마음에 감사하는 방법입니다.

마지막 공연

관객이 있는 삶은 괴로워요.
날 보러 와 달라 초대해야 하고,
재미있게 봐 달라 부탁해야 하고,
관객을 만족시키기 위해 최선을 다해야 하거든요.
공연이 끝나고 나면 관객은 저마다의 자리로 돌아가겠죠.
텅 빈 객석은 오롯이 나만이 견뎌야 할 외로움일 거예요.

공연은 끝나기 마련입니다.
내 삶이 남에게 보여 주기 위한 연극이라면
이제 공연을 그만두고 관객에게 작별 인사를 건네요.
그동안 나를 봐 주어서 고마웠습니다.
이제 나의 공연은 끝났습니다.
분장을 지운 거울 속 나를 바라보며 이야기해 주세요.
이제 공연은 끝났습니다.
이제 관객이 아닌 나를 볼 차례입니다.

인류애 유지하기

너무 많은 것에 화내고 있진 않나요?
만약 그렇다면 거꾸로,
너무 많은 것에 기대하고 있는 건지도 모릅니다.
인류애가 식는다는 말이 유행처럼 번졌지만,
사실은 인류애가 뜨겁게 불타고 있는 건지도 모르겠습니다.
인류애가 식는다는 그 말 속엔
여전히 모든 사람을 사랑하고 싶은 욕심이 담겨 있는 것 같아요.

하지만 도무지 사랑할 수 없는 사람들도 존재하기 마련이죠.
너무 많은 기대는 나만 지칩니다.
모든 사람이 내 기대에 맞을 수는 없어요.
집착을 내려놓고,
사랑할 자격이 있는 사람들만 마음껏 사랑하기로 해요.
그렇게 내 인류애는 식지 않고 미지근한 온기를 유지합니다.
그거면 됩니다.

마음의 눈금

나이가 들수록 계산적으로 생각하게 돼요.
받은 만큼만 돌려주려 마음의 눈금을 만들고,
아주 조금의 손해가 아쉬워 커다란 보답을 놓치곤 하죠.

그렇게 항상 주고받는 것이 비슷비슷해지면
삶이 시시해지고 말 거예요.
안정감도 물론 좋지만,
뜻밖의 충만함도 포기하지 않아야
시시한 인생이 아닐 거예요.

내 마음의 눈금을 지우는 게 좋겠습니다.
마음의 무게도, 가격표도 전부 지워요.
눈금으로 계산할 수도 없을 만큼
커다란 마음이 올지도 모릅니다.
그럼 나는 더 큰마음을 주면 그만입니다.
그렇게 모두의 마음이 넉넉해집니다.

chapter 3

오늘도 무사히 잘 지내면 그만

별일 없이 산다는 게 얼마나 귀중한가요.
새삼스럽지만 이렇게 많은 사람 속에서
어우러져 지낸다는 건 꽤나 위험한 일이니까요.

세상이 몹시 흉흉해 안전 문제도 걱정되고,
나와 뜻이 다른 사람들과의 충돌도 고민되고,
의도치 않게 나에게 상처를 주는 사람들도 있을 테니
신경이 곤두서지요.

그래서 가끔은 세상살이가 전쟁터 같다는 생각도 들어요.
이런 까칠한 세상에서 둥글게 사는 건 조금 어렵지만,
나 하나 지켜 내는 1인분의 하루를
용감하게 살아가고 있네요, 나는.

비록 대단치는 않지만, 어제와 비슷한 오늘이라면
내일도 제법 살아 볼 만하겠어요.
그러니 오늘도 무사히 잘 지내면 그만이에요.

내게 주어진 시간

시간을 되돌려 후회스러운 순간을 고칠 순 없지만,
그나마 다행인 건 새로운 순간을
내 맘대로 만들 수 있다는 점이에요.

완벽한 만회는 어렵겠지만
두 번째 시도는 할 수 있고,
상대방의 마음을 돌려놓기는 어렵겠지만
내 마음은 바꿀 수 있고,
없었던 일처럼 지울 순 없겠지만
더 나은 일로 덮을 수는 있어요.

내게 주어진 시간이 어느 하나에 치우치지 않고
모쪼록 공평해서 다행이에요.

지금부터 내가 할 일은
내게 주어진 시간을 알뜰살뜰 잘 쓰는 거예요.
선물처럼 다가오는 시간이 새삼 고맙게 느껴지네요.

그럴 만한 이유

아무리 웃어 보려 해도
잘 웃어지지 않을 때가 있어요.
하늘에 먹구름이 가득 낀 것처럼
눈앞이 흐리멍덩하기만 하지요.
아무리 좋아하는 음식을 먹거나
함께하면 즐거운 친구들을 만나도
즐거움은 잠시뿐,
금세 기분이 축 처지는 때가 있어요.
이런 내 모습이 싫고 어색해도
이 역시 내 모습인 걸 어떡해요.

내가 뾰족하고 모날 땐 그럴 만한 이유가 있을 거예요.
그럴 땐 그저 나의 진심을 알아차려 줘요.
그리고 인정하고 믿어 주세요.
아마 속으론 무언가를 간절히 바라거나,
틀림없이 바꾸고 싶은 무언가가 있거나,
부족하다고 느끼는 어떤 것이 있을 거예요.
나의 속마음 깊은 곳에서 우러나오는 이야기를 들어주세요.

웃을 여유도 없다는 건
지금 내 마음이 쓰일 곳이 따로 있다는 뜻일 거예요.
그렇게 뾰족한 나의 마음은
반드시 동글동글 귀여워지고 말 거예요.

다정함의 힘

다정함은 가장 강력한 무기이자 자산이에요.
다정한 사람들은 어디에서도 살아남을 거예요.
누군가를 이기려는 마음은 아니었지만
결국엔 다정한 사람이 이기게 되더라고요.
정이 많아 넉넉하게 베풀 줄 아는 사람은
마음이 끊임없이 샘솟는 풍족한 사람이니까요.

반면 돌려받을 것을 예측하고
마음에 무게를 달아 계산하는 사람은
그만큼 가진 게 없다는 뜻이겠지요.

다정함을 무기 삼아, 자산 삼아
어디 내놔도 꿀리지 않을 단단한 사람이 되고 싶어요.

숨비소리

해녀가 잠수했다가 수면 위로 올라올 땐
휘파람 소리가 난대요.
숨을 참았다가 뱉어 내는 소리,
이 소리를 숨비소리라고 한대요.
너무 빠르고 크게 숨을 쉬면 목이 다칠 수 있어서
입을 모아 천천히 숨을 뱉어 내는데,
이때 휘파람 소리가 나는 거래요.
얼마나 숨이 벅찰까요?
그런데도 나를 지키기 위해 천천히 숨을 쉬는 거예요.
급할수록 천천히 숨을 쉬는 해녀들의 숨비소리처럼
초조하고 조급할 땐 나만의 휘파람을 불어보는 게 어떨까요?
눈을 감고 입을 모아 천천히 숨을 내쉬어 봐요.
휘파람이 끝나면 깊은 바다를 자유롭게 헤엄치는 해녀들처럼
나도 조금 더 편안하게 살아갈 수 있을 거예요.

가장 소중한 나니까

나를 아껴 주는 일은 그리 어렵지 않아요.
대단하지도 않고요.
아주 쉬운 방법으로도 할 수 있어요.

화려하고 값비싼 옷으로 치장하지는 않더라도,
깨끗하게 빨아 뽀송하게 말린 옷을 잘 입혀 주고요.
튀어나온 실밥은 가위로 다듬어 주고,
먼지는 잘 털어 주면 더할 나위 없이 단정하고 멋지죠.

특별히 맛있고 근사한 요리는 아니더라도,
내 몸이 좋아할 건강한 음식을 입에 제때 잘 넣어 주고요.
채소나 과일도 골고루 먹어 주고,
가끔 기분이 좋아지는 간식도 먹어 주면
더 바랄 게 없어요.

여기저기 자랑하고 싶은 대단한 인맥은 아니더라도,
같이 있으면 마음 편한 사람들과 자주 어울리고요.
배울 점이 많은 사람은 곁에 두고,
헤어지고 돌아오는 길이 찜찜한 사람은 멀리해요.

순간순간 상황에 몰입하느라 바쁜 나를
잠시 그곳에서 꺼내어
내가 어릴 적 아끼던 인형처럼
잘 돌봐 주기만 하면 돼요.
어디 다치진 않았는지, 잘 지내고 있는지,
가끔은 나를 타인처럼 돌봐 주세요.

물건을 소중히

내가 가진 물건을 소중히 여기는 것부터
나를 소중히 여기는 거예요.
요즘은 필요한 물건을 손쉽게 구하고,
때론 필요하지 않은 물건을 가지기도 해요.
내가 가진 물건이 모두 몇 개인지 헤아릴 수조차 없지요.
그러니 물건을 소중히 여기기가 더더욱 어렵지요.

나에게 정말 필요한 물건만 소유하고,
어떤 물건을 고를 땐 아주 신중하게 고르고,
사용할 땐 귀중하게 다루는 사람들에게선
그 사람들만의 단단한 무언가가 느껴져요.
물건을 소중히 다루는 것처럼
자기 자신을 소중히 다룰 것만 같아요.

조언 감사합니다

조언이나 충고를 귀담아듣는 건 정말 중요해요.
무언가에 몰입하다 보면
시야가 좁아질 수밖에 없으니까요.
내가 미처 보지 못한 부분을 대신 봐 줄 수도 있고,
생각지도 못한 새로운 해결책을 제시해 줄 수도 있어요.

그렇지만 조언과 충고에
너무 의지하지는 않는 게 좋겠어요.
결국 결정은 내가 하는 거고,
결과에 따른 책임도 내가 지는 거니까요.

어쨌든, 조언 감사합니다.

마음에도 물청소가 필요해

사람은 웃을 때 정말 예뻐요.
하지만 그보다 더 아름다운 얼굴이 있어요.
펑펑 울고 난 뒤,
마음속의 찌꺼기를 깨끗이 청소한 듯
말개진 얼굴이 그렇지요.

누구나 마음속엔 하수구를 가지고 있어요.
밖에서 안으로, 안에서 밖으로
마음이 통하는 길이지요.
아무리 모든 상황과 감정을 잘 소화하는 사람일지라도
마음속엔 분명 마음이 지나간 흔적이 남을 수밖에 없어요.

찌꺼기가 쌓여 하수구가 막히면 어떻게든 터질 거예요.
터져 버리기 전에 시원한 물청소 한번 해 주면 어때요?
그렇게 펑펑 울고 나면, 정말 깨끗해질 거예요.
아주 말갛게 말이에요.

감정에 충실하기

잘 생각해 보면,
그동안 내가 겪었던 대부분의 일에서
내가 느꼈던 감정만큼은
잘못되지 않았던 것 같아요.
만약 무언가 잘못이었다면
그건 나의 태도와 선택과 행동이었겠지요.
내 감정이 틀렸던 적은 없지 않았나요?
매 순간의 감정에 충실해도 괜찮아요.
나의 감정에 죄책감을 가질 필요 없어요.

믿을 구석

뭐든지 잘할 수 있다는 마음가짐 말고도,
내가 못하는 게 무엇인지를
잘 아는 것 또한 자신감이에요.
잘하지 못하는 일이 있어도 기죽을 필요 없어요.
나는 다른 일을 더 잘하는 사람이니까요.
뭐든지 다 잘하는 사람이 될 필요 있나요?
내가 잘하는 걸 더 잘하면 되지요.
나한테는 자신감이 필요해요.
나를 믿어 주는 마음.
비록 이건 못하지만, 다른 건 더 잘할 테니까
하는 마음으로 나를 믿어 주세요.
믿을 구석이 하나쯤은 있는 나,
자신감이 차올라요.

나는 내가 귀엽다

잘생기고 예쁜 것보다 더 힘센 게 있어요.
바로 귀여운 거래요.
뭐가 하나 귀여워 보이기 시작하면 끝도 없지요.

자다 일어나 눈이 퉁퉁 부은 모습도 귀엽게만 보이고요,
말다툼하다가도 토라진 모습이 귀여워 보이면 용서하게 되고요,
배고프면 짜증부터 내고 보는 모습도 귀여우니 별수 없지요.
콩깍지가 제대로 씌어서 안 좋은 모습도
죄다 귀엽게만 보이니 사랑할 수밖에 없어요.

내 모습 어딘가 마음에 안 들어 속상한가요?
내 성격 어딘가 모자란 것 같아 답답한가요?
그럴 땐 나를 귀엽다고 생각해요.

뭔가 서투르고 어색하지만 귀여운 나.
어딘가 헝클어지고 삐뚤빼뚤한 귀여운 나.
이런 나도 자꾸 귀엽게 보기 시작하면
자꾸만 사랑스러워지기 마련입니다.

잘생기고, 예쁘고, 대단하고, 멋진 사람들 속에서
문득 의기소침해지는 날이 찾아온다면,
두 팔로 나를 감싸안고 조그맣게 속삭여요.

"나는 내가 귀엽다!"

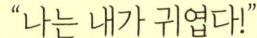

말 그릇

말은 그릇이래요.
내 말 한마디에 온 마음이 담기니까요.
말 그릇의 모양과 크기에 따라,
상대에게 내 마음이 다르게 전달될 수 있어요.
마음이 커도 그릇이 작으면 다 담기지 않겠죠.
마음이 뜨거워도 그릇이 차가우면
그 온기가 제대로 가닿지 못할 거예요.
몹시 귀하고 고운 마음을 보잘것없는 그릇에 담으면
볼품없는 마음이 되겠죠.

마음을 전하기 전에
담기에 잘 어울리는 그릇을 꺼내요.
깨끗하게 닦아 윤기를 내고요,
어디 깨진 곳은 없는지 살펴보고요,
깊이는 어떨지, 크기는 어떨지, 모양은 어떨지,
곰곰이 잘 생각해요.
내 마음과 딱 맞는 그릇이라면,
아마 내 마음은 예쁜 선물이 될 거예요.

차곡하게 튼튼하게

마음의 토대는 상처와 시련으로 만들어진대요.
상처 입어 흘린 피, 시련으로 흘린 눈물,
마음속 응어리가 뒤섞여 차곡차곡 켜켜이 쌓이면
세상 그 무엇보다도 견고한 토대가 완성된대요.
토대가 견고하면 그 위에 무엇을 쌓아도
무너지지 않겠죠.

내가 겪었던 나쁜 일들 모두는
나의 토대를 만드는 데 쓰였을 거예요.
내가 지나온 힘든 시간은
나에게 기필코 필요한 시간이었나 봅니다.
어떤 내가 되어도
나 자신을 견고하게 받쳐 줄 수 있는 나,
그것 또한 내가 만들었군요.

우울에서 빠져나오기

외롭고 우울할 땐
마치 검은 호수 저 밑으로 빠져 버린 기분이에요.
누군가 이곳에서 꺼내 주길 바라지만,
그 누구도 나를 꺼낼 수 없어요.
하염없이 기다리며 허우적거리다가는
힘이 쭉 빠져 버릴지도 모릅니다.
만약 깊은 검은 호수에 빠졌다면,
잠깐 숨을 가다듬고 맨 아래까지 다녀와요.
바닥 끝까지 내려가 두 발로 바닥을 힘껏 밀어
다시 튀어 올라야만 해요.
그리고 다시 수면 위로 고개를 내밀면
문득 알게 될 겁니다.
검은 호수는 사실 내 마음속에서
스스로 지어낸 이야기일 뿐이라는 걸.

나 사용 설명서

값비싸고 질 좋은 물건을 구매하면
종종 까다로운 사용 설명서를 만나게 돼요.
물건을 보관하는 방법부터 깨끗하게 사용하는 방법까지.
고작 물건일 뿐인데 뭐 이렇게 요구하는 게 많은지,
까다롭고 복잡하지만, 자세히 읽고 따라가다 보면
그 물건을 더 귀중하게 여기게 되는 것 같아요.

문득 나에게도 사용 설명서가 있다면 어떨까 생각해요.
나를 다치지 않게 소중히 다루는 방법,
나를 깨끗하게 관리하는 방법,
내가 상처 입어도 다시 괜찮아지는 방법이
적힌 '나 사용 설명서'요.

뽀득뽀득 샤워하고 피부를 가꾸는 나만의 루틴도 만들고요,
기분이 가라앉을 때 들을 나만의 플레이리스트도 만들고요,
어떤 사람과 무얼 할 때 가장 행복한지도 정리해 봐요.

나 사용 설명서,
잘 만들어만 둔다면
혹여나 나중에 내가 나를 다루는 방법을 까먹었을 때,
사는 게 지쳐 여기저기 해지고 까졌을 때
금방 일어설 수 있는 힘이 될지도 몰라요.

앞만 보고 전진

세상이 공평하지 않다는 생각에
나보다 더 많이 가진 사람을 올려다보고,
내가 가졌어야 했던 것을 뒤돌아보며 후회한다면,
그러면 내 앞길은 언제 보나요?
누군가와 비교하느라 정작 똑바로 봐야 할 내 앞길은,
나를 어떤 곳으로 데려갈지 모를
그 무궁무진한 길은 누가 봐 주나요?

다른 사람의 길까지 들여다볼 필요는 없어요.
나는 나만의 길을 걸으며 장애물은 없는지
더 좋은 길은 없는지 살펴보면 됩니다.
앞만 보고 전진.
왼발, 오른발, 하나, 둘, 셋, 넷…
그렇게 나는 결국 좋은 곳으로 도착할 거예요.

힘 빼기

너무 잘하려고 하다 보면 온몸에 힘이 바짝 들어요.
어깨는 움츠러들고 심장은 콩콩 뛰지요.
잘하고 싶은 욕심은 어느새
잘해야 한다는 압박감으로 변해
처음의 내 마음가짐까지도 잊어버리게 돼요.
가벼운 마음으로 시작했을지도 몰라요.
즐기고 싶은 생각이 더 컸을지도 몰라요.

과정보다 결과가 더 중요한 세상이라지만,
모든 것이 다 끝나고 나면 남는 건
결과가 아닌 기억일 테니
너무 괴롭게 힘을 주지는 말아요.
잘 해내는 것도 중요하지만
잘 지내는 것도 중요하잖아요.
내가 이 과정을 어떻게 지내고 있는지 돌아보면
자연스럽게 힘도 빠질 거예요.
춤도, 운동도, 글씨도, 그림도, 노래도,
잘 생각해 보면 힘을 빼고 해야
더 잘 되는 것들 투성이에요.

취향 도감

취향이 뚜렷한 사람은 참 매력적이에요.
뭐가 좋고 뭐가 싫은지 조목조목 말할 수 있고
좋아하는 것들을 오밀조밀 모아 즐길 수 있는 사람들은
저마다의 독특한 향기가 나는 것만 같거든요.
향수를 만들 때 여러 향료를 켜켜이 쌓아 만드는 것처럼
저마다의 향료를 섞어 자기만의 향기를 만드는 것 같아요.

내 취향에서는 어떤 향기가 날까요?
내가 좋아하는 것부터 수집해 볼까요?
어릴 때 풀잎을 종류별로 모아
공책에 붙이는 숙제를 했던 것처럼,
내가 좋아하는 것들을 차곡차곡 모아 보기로 해요.
음악이어도 좋고요, 풍경이어도 좋고요,
맛이어도 좋고, 말이어도 좋아요.
공책을 하나 사서 내가 좋아하는 것들을 모아 보면 어때요?
그렇게 나의 취향 도감 한 편 완성입니다.

꿈, 나의 꿈

때론 내 꿈, 목표, 야망, 이상 따위가
너무 버겁게 느껴져요.
바라는 바는 너무나 큰데
그에 비해 나는 너무나 작고 초라하죠.
이 초라함을 견딜 수 있는 방법은
나와 꿈 사이의 중심을 잃지 않는 거예요.

꿈이 먼저가 아니에요.
그 앞엔 내가 있어야 해요.
내가 꿈에 끌려다니는 게 아니라,
내가 꿈을 끌고 가는 거예요.
결국 그 꿈도 내가 꾸는 것이니까요.
내가 가진 꿈, 나의 목표, 나만의 이상.
중심을 잘 잡고 앞으로 나아간다면
언젠간 분명 모두 이룰 수 있을 거예요.

오리는 날지 않으니까 오리입니다.
튤립은 활짝 피지 않으니까 튤립입니다.
바람은 머무르지 않으니까 바람입니다.
나도 마찬가지입니다.
남들을 따라 하지 않으니 제법 나 같습니다.
있는 그대로의 내가 다름 아닌 나입니다.

오직 나만의 이야기

내가 가지지 못한 것을 헤아리는 것보다,
내가 이미 가진 것을 헤아리는 것이
훨씬 쉽고 재미있어요.

유달리 마음이 고프고 머리가 아픈 날.
남들은 많은 걸 가졌는데
나는 아무것도 못 가진 것 같아 섭섭하고 서글픈 날.
그럴 땐 조금의 힘을 쥐어짜 책상 앞에 앉아 봅니다.
펜을 들고 빈 종이 위에 하나씩 써 내려가요.
내가 가진 아주 사소한 것을 떠올리며
글씨를 쓰다 보면 어느새 종이가 제법 채워집니다.

첫눈에 반해 집으로 데려온 귀여운 그릇.
친구와 처음 떠난 여행에서 함께 찍은 사진들.
밤새 나의 고민을 다 들어주는 폭신한 베개.
지친 내 몸을 아늑하게 감싸 주는 바스락바스락 이불.
밥은 먹었냐고 물으며 항상 내 걱정뿐인 엄마.
물건들, 쉴 수 있는 공간, 날 사랑하는 사람들….
내 감정과 기억이 얽혀 있는 오롯이 나만의 것들.
이 커다란 우주에서 오직 나만이 독점하고 있지요.

자, 이제 다시 종이를 볼 차례입니다.
내가 가진 것 중 보잘것없는 것이 있나요?
쓸모없는 것이 있나요?
아마 보이지 않을 거예요.
나는 너무나도 소중한 것들을 이미 많이 가졌군요.
행복해집니다.

슬픔은 나를 보살피는 시간

슬픔에 빠져 있다는 건
스스로를 꼼꼼히 보살피고 있다는 증거란 걸
크게 아파 보지 않은 사람은 모를 거예요.
몸이든 마음이든 다쳐 본 사람은
그때 자기 자신을 얼마나 잘 살피고
가엾게 여기는지를 잘 알지요.

슬퍼할 때를 잘 알고 제대로 겪어 내는 사람이
얼마나 아름다운지
깊은 내면세계에서 홀가분히 빠져나와
맑게 갠 눈으로 새로운 세계를 맞는 사람이
얼마나 위대한지
슬픔을 겪어 본 사람들은 알아요.

그러니 슬픔이 찾아온다면 의연하게 맞이해요.
나를 알뜰히 보살피고 닦아 주세요.
슬픔은 나를 보살피는, 꼭 필요한 시간입니다.

매력쟁이

반듯반듯하지 않고
삐뚤빼뚤하니까 귀여워요.
단단하지 않고
말랑말랑하니까 부드러워요.

나도 그래요.
어떻게 보면 엉망진창 같지만,
그래서 더 다이내믹!
제멋대로인 나지만
그래서 더 매력 있는걸요?

낭만이 날 지킬 거야

누군가에겐 유치하고 시시해 보일지 몰라도
나에게만큼은 진지하고 소중한 무언가를 품고 있나요?
그렇다면 당신은 낭만적인 사람이군요.
시멘트 바닥 틈 사이를 비집고 피어난 한 떨기 꽃처럼
자기를 지킬 줄 아는 생명력을 가졌고요.
회색빛 도시에서 알록달록 나만의 색을 지킨다는 건
얼마나 대단한 일인지 몰라요.
낭만을 지키는 건 나의 정체성을 지키는 일.
결국 낭만이 나를 지켜 낼 거예요.

오늘도 잘 지내면 그만!

1판 1쇄 인쇄 | 2024년 6월 28일
1판 1쇄 발행 | 2024년 7월 11일

지은이 | 안또이
발행인 | 황민호
콘텐츠3사업본부장 | 석인수　**편집장** | 손재희　**책임편집** | 이유리
디자인 | BjuDesign

발행처 | 대원씨아이(주)
주소 | 서울시 용산구 한강대로15길 9-12
전화 | 02-2071-2156(편집)　02-2071-2066(영업)　**FAX** | 02-794-7771
등록번호 | 1992년 5월 11일 등록 제3-563호

ISBN 979-11-7245-660-3 (03810)

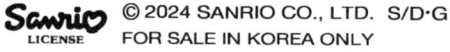

© 2024 SANRIO CO., LTD.　S/D·G
FOR SALE IN KOREA ONLY

※본 제품은 (주) 산리오 코리아와 대원씨아이(주)와의 라이센스 계약에 따라,
　한국 내에서만 판매를 허락받는 제품이며, 본 제품 및 캐릭터의 무단 복제를 금합니다.
※잘못된 제품은 구입하신 곳에서 교환해 드립니다.